AF224344

LK
2153

. LK 2153

5580

PREMIÈRE VISITE

DE MONSEIGNEUR

LE PRINCE DE CROŸ,

ÉVÊQUE DE STRASBOURG,

A COLMAR.

1820.

L'empressement du Prince-Évêque de visiter cette intéressante partie de son diocèse répondit à celui des Colmariens de posséder un Prélat si digne de tous leurs hommages.

A la première annonce de cette heureuse nouvelle, Monsieur le Maire et les Citoyens furent au-devant des vœux du Curé pour concerter une réception digne du caractère, de la naissance et des vertus de l'auguste voyageur.

Le 1.ᵉʳ Juillet les cultivateurs de Guemar reçurent le Prélat sur la limite du département, d'où, escorté par ces braves cavaliers, il se rendit à Ribeauvillé ; le Maire et le Curé de Guemar ayant eu l'honneur de le complimenter à son passage devant leur ville.

Son Altesse fut accueillie avec les mêmes démonstrations à Ribeauvillé ; le Prélat visita l'église et l'établissement des Sœurs institutrices et daigna accepter le diner, que lui offrit le respectable Curé de cette ville.

Les Colmariens arrivèrent quelques heures après le

4

Prince à Ribeauvillé avec un attelage de six chevaux
blancs; ils obtinrent du Prince qu'il ne se servit point
de ses propres chevaux. Il quitta Ribeauvillé à cinq
heures au milieu d'une escorte nombreuse de cavaliers
Colmariens.

Le trajet de Ribeauvillé à Colmar fut une marche
triomphale. L'escorte du Prélat se grossit de distance
en distance par des piquets nouveaux de cavaliers, par
une brigade de gendarmerie, par les habitans de Ste.-
Croix-en-plaine, munis de lances décorées de banderoles
blanches à fleurs de lis, et à une demi-lieue de la ville
par les cuirassiers de Condé, venus au-devant du
Prince, et qui entourèrent son équipage; cette belle
et bonne troupe alliant ainsi l'éclat de la force publique
aux élans d'une population réligieuse.

C'est dans cette pompe, au milieu d'une affluence
innombrable et parmi des cris d'allégresse, qui lais-
soient à peine entendre le son des cloches et les salves
d'artillerie, que le plus modeste et le plus sensible des
hommes traversoit les rues de notre cité, renvoyant à
l'Éternel, dont il est l'envoyé, les hommages d'un
peuple chrétien.

Le Curé qui avoit déjà complimenté l'illustre Prélat
à Ostheim, et qui, par sa permission, l'avoit précédé,
l'attendoit, entouré d'un nombreux clergé, revêtu des
ornemens sacerdotaux, sous l'arc de triomphe, élevé
par ses soins devant le portail de l'église et que déco-
roient des arbustes, des guirlandes, des jets-d'eau et
les chiffres du Prince.

Le Prince descend de voiture et avec lui MM.
Lienhart, Vion, Sauthier, Vicaires-généraux, et M.

Ritleng, Chanoine et Secrétaire de l'Évêché. Il adresse des paroles affables aux chefs des corps, qui l'avoient accompagné; il remercie jusqu'à ses conducteurs. Il est salué par les acclamations de vive le Roi! vive Monseigneur l'Évêque!

Sous le portique le Curé le harangue en ces termes:

» Monseigneur, je suis trop ému pour exprimer à
» Votre Altesse, ce qui se passe dans mon intérieur.
» J'ai l'honneur d'introduire dans le temple du Seigneur
» notre premier Pasteur, l'illustre successeur de St.-
» Materne; quelle joie ! ! ! quel bonheur ! ! !

» Des deux, des trois ans nos murs ne retentis-
» soient que de nos soupirs, comme Moïse nous de-
» mandions au Très-haut l'homme de sa droite, qu'il
» nous avoit promis.

» Des cantiques d'allégresse succèdent aujourd'hui
» à ces chants lugubres. Voilà le Grand-Prêtre qu'il a
» plu au Seigneur de nous donner dans sa miséricorde.
» Le St.-Esprit a trouvé en lui le juste qui médite avec
» St.-Paul les vertus de l'épiscopat; il l'a choisi pour
» gouverner notre église.

» Sous le successeur des Tites, des Timothées la
» religion ne peut que triompher.

» Vivez longues années, Monseigneur, pour le
» bonheur de vos diocésains, et nous n'aurons plus
» rien à désirer! »

La réponse de l'Évêque coula de son cœur. Il félicita l'heureux Curé sur ses paroissiens, sur son clergé, rapportant autant de zèle et de piété à l'heureuse con- fiance dont jouissoient les ministres des autels dans cette grande et importante paroisse.

Après quoi le Prélat ayant reçu l'eau bénite et l'encens, fut conduit sous le dais au sanctuaire. Le Curé entonna *l'Ecce Sacerdos magnus* et le *Te Deum*, qui furent exécutés à grand orchestre. L'intérieur de l'église respiroit la solemnité. Le trône épiscopal offroit sous son baldaquin les armoiries du Prince, auxquelles faisoit pendant, vis-à-vis, le chiffre du Prélat chéri. Le vaste vaisseau ne put contenir les fidèles. Les places avoisinantes en étoient couvertes.

Conduit au presbytère par le clergé et le conseil d'administration de la fabrique, Monseigneur y reçut les autorités qui le complimentèrent.

Monsieur MARQUAIR, premier Président de chambre, à la tête d'une députation de la Cour Royale, à complimenté Son Altesse par un discours dans lequel il a relevé l'avantage de l'église des départemens du Rhin, d'être gouvernée par un Prélat dont les hautes vertus, entourées de l'éclat d'une naissance illustre, commandent en même tems la vénération et le respect, et il a exprimé à Son Altesse le vœu des membres de la Cour de contribuer par leur exemple au succès de ses travaux apostoliques.

Monsieur le baron de MÜLLER, Maire de la ville, s'exprima en ces termes:

» Monseigneur, qu'il me soit permis au nom de
» la ville de Colmar, en rendant grâce à la Providence
» et au Roi d'avoir fait, enfin, cesser le veuvage de ce
» diocèse, de nous féliciter tous, aujourd'hui, de voir
» apparoître au milieu de nous, après tant d'années de
» tristesse, un Prélat non moins distingué par ses hautes
» vertus que par sa touchante piété, un Prélat dont le
» nom seul est une illustration, et rappele des supério-

» rités d'autant plus positives qu'elles remontent aux
» époques les plus reculées de notre histoire, et se
» rattachent à d'éminens services rendus au Prince et
» à la patrie.

» Le siège de Strasbourg dont nous sommes, Mon-
» seigneur, les enfans puînés, et auquel seulement au-
» jourd'hui nous nous applaudissons d'avoir été réunis,
» sembloit reservé par la Providence à votre Grandeur,
» lorsqu'elle permit, par un de ses décrets d'autant
» plus impénétrables, qu'ils sont moins prévus, que la
» race légitime de nos Rois fut de nouveau rendue à
» la France, et votre Grandeur, le seul aujourd'hui des
» anciens membres du noble chapitre de Strasbourg,
» auquel l'âge et les forces physiques permettoient
» d'accepter les fonctions si éminentes et si difficiles
» de l'épiscopat, devenoit le successeur obligé des
» *Fürstenberg* et des *Rohan*, qui depuis Louis XIV
» ont occupé et illustré ce siège épiscopal. L'immense
» affluence de citoyens de tout âge et de toutes classes
» que votre Grandeur a rencontrée sur son passage, qui
» s'étoit portée audevant d'elle et l'a accompagnée
» jusqu'à son habitation, a du lui être une preuve bien
» touchante pour son cœur, des sentimens de réligion
» qui existent dans le chef-lieu du Haut-Rhin et les
» témoignages unanimes et spontanés de respect et de
» véritable enthousiasme que chacun s'est plu à lui
» donner sur son passage, et lui donne encore au mo-
» ment où je me trouve si heureux et si honoré de pou-
» voir, comme premier magistrat de cette ville, être
» l'interprête de toute sa population, auprès de votre
» Grandeur, lui font connoître combien il lui sera facile
» d'attacher pour jamais au Roi et à son auguste dynas-

» tie ces bons et francs Alsaciens, qui seront d'autant
» plus fidèles et plus dévoués au Roi et à la légitimité
» qu'ils trouveront dans leurs principes réligieux celui
» d'une fidélité inviolable à l'auguste famille des Bour-
» bons, qui a fait leur gloire depuis près de deux
» siècles, comme elle fera le bonheur de leurs enfans.
» Je m'estime heureux, Monseigneur, d'avoir pu l'un
» des premiers de vos diocésains, faire présager à votre
» Grandeur, lorsque j'eus l'honneur de lui faire ma cour
» à Paris, tout ce qui vient de se passer sous ses yeux
» et si l'expression aussi franche qu'unanime de nos
» sentimens de respect qu'elle a paru accueillir avec une
» émotion qui n'a pu nous échapper et qui nous a prouvé
» qu'elle y a été sensible, peut la déterminer à ne jamais
» nous quitter, nous n'aurons plus rien à désirer et
» nous dirons tous à l'envi : vive longues années notre
» nouvel et digne Évêque, et vive le Roi qui a daigné
» nous le donner. »

Le Prince captiva tous les cœurs par des répon-
ses pleines d'affabilité et d'onction.

Le conseil de fabrique lui fut présenté à son tour
pour lui offrir le tribut de sa vénération et de la vive
reconnoissance de cette paroisse, assurant le Prélat qu'il
ne pouvoit accorder cette faveur à aucune portion de
son troupeau plus empressée de le posséder, d'admirer
ses vertus apostoliques et de mériter ses bonnes
grâces. Les membres du conseil eurent occasion dans
la conversation que Son Altesse daigna lier avec eux
de lui faire connoître les sentimens unanimes de grati-
tude et d'affection des paroissiens de Colmar pour le Curé
qui les représentoit si dignement près d'elle, et qui
entretenoit si parfaitement l'esprit de concorde et de

réligion parmi les habitans de cette ville. Le Prince exprima surtout son plaisir à entendre ce témoignage.

Il tint sans doute compte de l'attention d'orner l'intérieur du presbytère de ses armes, de ses chiffres et de rendre son séjour aussi agréable que les circonstances le permettoient. Quel hôte pouvoit-être plus digne d'autant de sollicitude et de prévenances?

La sonnerie des cloches annonça le même soir la fête des apôtres et la messe pontificale pour le lendemain. Cette annonce fut répétée à 4 heures du matin.

A 9 heures le Prélat fut cherché processionnellement. Des fanfares annoncèrent son arrivée à l'église. Les cuirassiers formoient haye jusqu'au sanctuaire. Le pieux Évêque assista au sermon prêché par M^r. le Vicaire-général archi-prêtre VION. Une foule immense admirant le talent de cet orateur justifia sa grande réputation.

A l'issue du sermon commença la messe pontificale, céremonie auguste relevée par la piété et la dignité du célébrant, par le concours exemplaire des autorités, par un orchestre composé de la musique de la ville et des amateurs, et par l'artillerie de la ville, qui se fit entendre à l'élévation et à la bénédiction.

Mais bientôt tous les yeux se mouillèrent de larmes, le Curé s'avance à la tête de 70 cuirassiers et soldats de la Légion du Haut-Rhin : nouveaux confesseurs de la foi, ils viennent se prosterner devant l'agneau sans tâche; le Dieu des armées leur ouvre son tabernacle et ils reçoivent pour la première fois le pain des anges de la main d'un apôtre.

Quel touchant tableau! que de foi, que de componction dans ces cœurs guerriers! Quelle douce

)(

récompense pour le charitable pasteur, qui les a re-cherché, instruit et disposé! Quelle action plus digne de célébrer le joyeux avénement d'un saint Pontife? Que d'édification pour l'immense concours des fidèles de tout âge, de toute condition? Heureuse France, reçois en le présage, la foi ne périra pas chez toi.

Le respectable Prélat reconduit solemnellement au presbytère y eut l'agréable surprise d'un groupe de petites Demoiselles de 5 à 8 ans. Mademoiselle Fuchs, en lui présentant un bouquet, lui dit : « Monseigneur, » l'innocence a cueilli ces fleurs, elle les offre à Votre » Altesse pour exprimer au père spirituel de ce vaste » diocèse, sa soumission respectueuse et sa piété filiale.

» Vivez longues années, Monseigneur, pour le bon-» heur de nos parens et pour le nôtre, daignez aimer » vos enfans de Colmar, comme ils vous vénérent. »

Rien de plus attendrissant que ce coup d'œil et l'in-nocence aux genoux du Pontife, implorant sa sainte béné-diction. L'on se figuroit Jesus-Christ parmi ses petits, dont il parle avec tant de tendresse. Le Prince en fut ému jusqu'aux larmes. En prenant congé de lui, les jeunes personnes s'écrièrent avec l'accent le plus tou-chant : *vive le Roi, vive Monseigneur!* acclamation qui trouva aussitôt son écho dans la foule, qui entou-roit le presbytère. Après quoi les différentes congré-gations furent présentées par M^r. le Curé et accueillies par le Prince, avec cette bonté, qui lui est innée.

A l'issue des vêpres solemnelles, auxquelles il assista encore, le Prélat rendit les visites de la veille, et à son retour au presbytère, il trouva une réunion de 24 per-sonnes, que le Curé avoit convié par ses ordres. Tous les chefs s'empressèrent de se rendre à cette invitation, désireux de faire plus ample connaissance avec le Prélat, qui les avoit si bien accueilli la veille. Une aimable gaité, des attentions recherchées, des saillies d'esprit du Prince, charmoient tous les convives.

L'heureux Curé n'avoit rien oublié pour que la richesse et l'élégance du service repondissent à la grandeur de la circonstance. Des poissons qui nageoient dans un charmant surtout, des jets de vin, qui en ornoient les quatre coins . . . . et tout cela palissoit encore devant les sentimens du cœur.

Le premier toast fut porté par Mr. le Curé. Il exprima la reconnaissance de ses paroissiens, leurs vœux pour la conservation de Son Altesse. Le Prince porta le toast le plus flatteur et le plus honorable à la ville de Colmar et Monsieur le Maire y repondit de la manière la plus courtoise. Des fanfares et des symphonies ajoutèrent à l'éclat de cette fête.

Après le café, le Maire de la ville pria Son Altesse de se montrer au nombreux Public, qui vouloit encore voir son Évêque pour mieux dormir.

Monseigneur fut accueilli par des acclamations universelles. La clarté qui regnoit dans le quartier, fixa l'attention du Prélat sur l'illumination de la maison curiale, dans laquelle resplendissoient les armes du Prince, et ses chiffres.

Dès les 8 heures du matin, 3 Juillet, Monseigneur l'Évêque commença a conférer le sacrement de confirmation ; 2900 personnes étoient inscrites : il y fallut 4 jours, à deux reprises par jour. La première journée fut consacrée aux militaires, aux élèves du collége et aux personnes mariées. On a vu avec attendrissement le charitable Pontife tendre le bras à des septuagenaires courbés sous le poids de l'âge, pour les relever.

Entre les deux confirmations, l'infatigable Prélat présidoit l'examen que venoient subir les jeunes ecclésiastiques. Ils admiroient tous la facilité avec laquelle Son Altesse s'enonçoit en latin et ses profondes connaissances.

M. le Vicaire-général LIENHART, supérieur du séminaire, a recueilli à cette occasion les fruits de ses travaux. Il voulut ajouter à la reconnaissance, que lui doit notre paroisse, en faisant précéder chaque confirmation par des discours préparatoires pleins d'onction et d'érudition.

A l'issue de la confirmation du lundi, Monseigneur dirigea sa promenade sur Horbourg; il visita la pépinière départementale, et y montra des connaissances très étendues en botanique.

A son retour le Prélat dîna chez M^r. le baron de RAMBOURG, Général commandant le département. Le Général et Madame son épouse firent les honneurs de leur maison, avec beaucoup de grâces et de distinction. Le Prince y répondit de la manière la plus affable.

Le mardi 4 Juillet il continua toute la journée à administrer la confirmation. Le Curé lui présenta la plus brillante jeunesse, pleine de respect et pénétrée de l'importance des grâces attachées à ce sacrement. L'on remarqua avec consolation de jeunes jurisconsultes quitter la robe pour se prosterner aux pieds du Pontife et recevoir de ses mains les dons du St.-Esprit.

Au sortir de ses fonctions, Monseigneur se rendit au dîné de M^r. MILLET DE CHEVERS, Procureur-général de la Cour Royale. Son Altesse fut singulièrement sensible aux honneurs et aux prévenances que lui montra durant tout son séjour ce digne magistrat.

Personne ne devoit demeurer étranger à la jubilation publique. Le Curé obtint des Chefs des corps la permission de distribuer du vin aux soldats de la garnison, pour boire à la santé du Roi et à celle-de Monseigneur.

Le mercredi 5 Juillet le Prince continua la confirmation à la jeunesse moins âgée, et fut de plus en plus satisfait du bon ordre, du recueillement et du respect qu'il remarquoit.

Avant son dîné il se promena à Ingersheim. M^r. CHAUFFOUR, Président du conseil de fabrique, devança Son Altesse de quelques momens pour l'attendre à sa campagne. Le Prélat, amateur des promenades isolées, ne réussisoit nulle part. Les cloches trahirent son apparition inattendue, et dans moins de quelques minutes les habitans abandonnant leurs travaux accoururent et investirent la campagne pour recevoir au départ du Prélat sa bénédiction.

De retour à Colmar le Prince se rendit chez Monsieur le baron de MÜLLER, Maire de la ville, que Son Altesse affectionne particulièrement pour l'avoir vu à Paris et avoir appris dès lors à connoître ses bons et religieux sentimens. Un dîné splendide fut servi; une belle musique se fit entendre, et les manières aimables du maître de la maison et de Madame son épouse, auxquelles le Prince répondoit avec cordialité, firent de cette soirée une fête charmante, digne d'un bon Prince, d'un bon Maire et d'une bonne ville.

Le jeudi 6 Juillet, jour de marché et de dissipation, le Prélat jugea convenable d'interrompre ses travaux.

Après avoir entendu la messe à l'église du Collége, il se rendit dans la vaste cour de cet établissement communal, y fut complimenté par le Principal, avec lequel il s'entretint dans les termes les plus gracieux et les plus édifians, et passa en revue les élèves. L'air retentit de leurs acclamations. Le bon Prélat demanda pour eux un jour de congé, et alla à la prière de Monsieur le Maire visiter la belle bibliothèque de la ville, qu'il trouva dans un ordre parfait.

Après quoi le Prince monta en voiture pour aller visiter l'église de Neuf-Brisach, escorté sur sa route par la gendarmerie et les habitans à cheval de la contrée qu'il parcourroit. Au sortir de l'église le Prélat et les fonctionnaires civils et militaires se croisèrent pour se faire visite.

Après le déjeuné que le Curé de Brisach a eu l'honneur de servir à Son Altesse, elle se rendit à Biesheim, où l'obligeant M'. Ducasse, Maire de cette commune, avoit fait disposer deux bâteaux pour le passage du Rhin.

Le Prince examina avec un intérêt tout particulier les beaux sites du Vieux-Brisach, si célèbre par ses malheurs. Le Grand-bailli et le Curé de la ville accoururent pour offrir leurs respects au Prince. Le peuple lui fit cortège et demanda sa bénédiction. On l'auroit dit dans son diocèse.

Après avoir rendu la visite au Grand-bailli et avoir fait son adoration dans l'église paroissiale, Monseigneur repassa le fleuve et revint a 6 heures du soir à Colmar pour aller dîner chez Monsieur le Préfet, qui, malgré les couches de Madame son épouse, ne voulut pas se priver de l'honneur de donner une fête au Prélat diocésain. Le Prince ne put assez se louer des attentions recherchées que Monsieur le Préfet et Madame sa mère eurent pour lui.

Vendredi 7, après la confirmation du soir, un attelage de six chevaux de Ste.-Croix-en-plaine, s'arrêta à la porte du presbytère. Cette bonne commune, dépendant du canton de Colmar, voulut aussi jouir de la présence de son Prélat: le Prince se rendit à leurs vœux. Le Curé de Ste.-Croix le harangua à la porte de son église et le reçut d'après les rits prescrits. Le discours allemand du Curé à beaucoup plu au Prince et à sa suite.

De retour en ville, il fit ses visites de départ et dîna chez son Curé avec les membres du conseil de fabrique, conviés par l'ordre de Son Altesse. La gaîté franche de cette soirée fut amenée par un toast de Monsieur le Maire, exprimant les vœux de tous les cœurs Colmariens et par la réponse du Prélat pleine de tendresse. Le Maire s'exprima ainsi:

» Monseigneur, s'il nous est permis de préjuger
» les sentimens de votre Grandeur, d'après les nôtres,
» tout nous dit qu'elle daignera tenir la promesse qu'elle
» vient de nous faire, dans un moment d'abandon bien
» touchant et bien précieux pour nous, de ne vouloir
» jamais accepter d'autre siège épiscopal; forts de
» cette assurance toute bienveillante et toute paternelle,
» il ne nous reste qu'à faire des vœux pour que votre
» Grandeur reçoive bientôt des bontés du Roi le complé-
» ment honorifique qui sous les *Fürstenberg* et les *Rohan*

» sembloit inhérent au noble siège qu'occupe votre
» Grandeur.

» Si nos vœux sont exaucés, Monseigneur, le
» chapeau de Cardinal ne tardera pas à vous advenir
» et à rendre au siège de Strasbourg cette prééminence
» qui l'a rendu si long-temps un objet de vénération
» particulière dans toute la chrétienté. »

Messieurs les Vicaires, qui logent chez le Curé,
surprirent agréablement le Prince par le renouvellement
de l'illumination. Son Altesse se montra, à la prière
du Curé, à la foule stationnée, comme toujours, devant
la porte du presbytère: l'on crut fêter son arrivée et
c'étoit la veille d'une séparation qu'adoucissoit néanmoins
la promesse de Monseigneur, de revenir dans huit jours.

Samedi 8 Juillet, le Prince, après avoir entendu la
messe, que le Curé eut l'honneur de lui dire dans la
chapelle de la vierge, quitta la ville escorté et salué
comme à son arrivée. Il fut touché jusqu'aux larmes
en se voyant arrêté à une demi-lieue de la ville par
un groupe de jeunes Demoiselles de Colmar, à la tête
desquelles Mademoiselle de Millet de Chevers, fille
de M^r. le Procureur-général, lui remit une couronne
de fleurs en lui adressant ces mots :

» Monseigneur, daignez agréer cette couronne que
» de jeunes filles chrétiennes osent vous présenter en
» témoignage de leur admiration et de leur respectueux
» attachement: qu'elle vous soit un gage de celle, que
» vous mériteront les glorieux travaux de votre apos-
» tolat. Elle sera impérissable, et puissions nous être
» assez heureuses pour la partager un jour avec vous!

» Vive Monseigneur! »

Le Prélat touché d'une attention si délicate, répondit avec sa cordialité ordinaire » *rien de plus* » *heureux que l'Évêque de Strasbourg à Colmar;* » *il n'y a qu'un Colmar.*

Les jeunes vierges s'agenouillèrent, demandèrent la bénédiction du Prélat, rouvrirent leurs rangs et lui permirent, à ce prix, de suivre sa route.

Le Prince trouva de distance en distance les communes de Wettolsheim, Éguisheim et autres environnantes avec leurs Curés et leurs Maires à la tête. Il put juger de l'empressement de la ville de Rouffach à le fêter, par la réception qui lui étoit préparée. Après avoir déjeuné chez le Curé de cette ville et diné chez celui de Thann, faisant toujours sa route, environné d'une population empressée à lui faire cortège, le pieux Prélat trouva le soir le repos le plus doux dans ce qu'il appela sa petite famille, c'est-à-dire, au petit séminaire, établi depuis dix-huit mois à La-Chapelle-sous-Rougemont, et qui compte déjà cent-cinquante élèves, dont l'instruction et les progrès, en attestant les talens du Directeur et des Professeurs, ont donné les plus douces consolations au Pontife. C'étoit une vraie fête de famille; Monsieur le comte Voldemar de Branoas, Sous-Préfet de Belfort et protecteur de cet établissement, dont Son Altesse Royale Monseigneur le Duc d'Angoulême a daigné poser la première pierre, fut audevant du Pontife et l'accompagna à Massevaux où Son Altesse visita l'église et trouva le même empressement des autorités et du peuple.

Lundi le Prince fut reçu à l'entrée de Belfort, par une belle et nombreuse procession, qui le conduisit à l'église, il prit son logement et ses repas chez le Curé de cette ville, conféra la confirmation à 8 à 900 person-

***

nes, fit subir l'examen aux jeunes prêtres des environs, reçut et rendit les visites d'usage; on lui fit voir les fortifications faites et à faire; il en raisonna d'une manière à surprendre MM. les Ingénieurs.

Son Altesse quitta Belfort jeudi, tous les villages qu'il traversoit, étoient en fête, il céda aux instances des Dannemariens pour s'arrêter dans leur commune et arriva de là à Altkirch, où Monsieur le Sous-Préfet Ruel lui donna la plus obligeante hospitalité. Il y administra, le lendemain, la confirmation, présida à l'examen des jeunes ecclésiastiques et accepta un repas chez le Curé.

Samedi 15 Juillet, après la messe, le Prince quitta Altkirch, escorté par la gandarmerie et les habitans à cheval. Il rencontra sur son chemin les communes de Brunstatt et autres qui vinrent avec leurs Curés et leurs Maires lui offrir leurs respectueux hommages. Le cortège et l'escorte s'accrurent de pas en pas jusqu'aux portes de Mülhouse.

L'entrée de Son Altesse dans cette ville fut annoncée par le son des cloches, aussi bien des temples du culte réformé que de l'église catholique, à la porte de laquelle le respectable Curé M. STEHLIN lui adressa la parole avec son éloquence ordinaire et lui rendit les honneurs dûs à son caractère.

Le Prélat, vrai modèle de charité et de tolérance chrétienne, après s'être entretenu avec son Curé, avoir présidé à l'examen des jeunes ecclésiastiques et avoir reçu la visite du consistoire de l'église reformée, accepta le dejeuné que M'. Schlumberger a eu l'honneur de lui offrir.

Son Altesse entrainée par les honnêtetés de son hôte de Mülhouse ne quitta la ville qu'à trois heures;

passant à Ensisheim elle loua et encouragea le zèle du
jeune Vicaire, qui remplit un ministère bien pénible à
la maison de détention.

Arrivant à Meyenheim, Monseigneur y revit avec
plaisir son Curé de Colmar, qui l'y attendoit, ainsi que
l'attelage et les lanciers de Ste.-Croix. Le Curé de
Colmar eut l'honneur de présenter au Prélat le digne
Curé de Meyenheim et les paroissiens pour recevoir
sa bénédiction.

Le surplus de la route ressembloit à une procession
de deux lieues de longueur. C'étoient les Curés de
Bilsheim, Ober- et Niderenz, Ober- et Niderhergheim
avec leurs ouailles, attendant le Pontife au passage
pour lui offrir à l'envi le tribut de leur vénération.
Pendant que le Curé de Niderhergheim haranguoit le
Prince, le remplacement de l'attelage et le renouvellement de l'escorte annonçoient le voisinage de la bonne
ville de Colmar. Son Altesse daigna dire qu'elle arri-
voit chez elle.

Au passage à Ste.-Croix, le Curé entouré de sa
commune remit au Prince, pour ne pas l'arrêter, un
écrit exprimant ses sentimens.

De proche en proche des hommes à cheval, la gendarmerie, un piquet de 25 cuirassiers, les instituteurs et
institutrices avec leurs élèves et une foule de personnes
de tous les rangs formerent au Prince pour sa rentrée
à Colmar un cortège, pareil à celui de sa première arrivée, plus animé même par la connoissance que l'on avoit
faite de ses éminentes qualités.

Le lendemain dimanche 16 Juillet, après que
Monseigneur l'Évêque eut célébré les saints mystères,
le Curé de Colmar monta en chaire. Cet orateur,

habitué aux succès, trouva dans la présence du Pontife et d'un innombrable auditoire le moyen de se surpasser.

La messe solemnelle, à laquelle l'infatigable Prélat continua d'assister, fut chantée par M. le Vicaire-général SAUTHIER, dignement associé aux hommes recommandables, dont le Prince s'est entouré et dont le choix promet au diocèse une heureuse administration.

Au sortir de l'office, Monseigneur fit ses visites aux autorités, qui l'avoient prévenu la veille ; et après avoir assisté aux vêpres, la charité le porta à aller visiter à pied l'hôpital civil, accompagné de Monsieur le Maire et du clergé. Il y vit les malades, les écoles, les orphelins, la commission administrative. Les bonnes sœurs hospitalières s'étoient évertuées à orner tous les lieux, que parcourroit le vénérable Prélat, ignorant qu'elles étoient elles-mêmes, par leur charité toute chrétienne, le plus bel ornement de la maison. Il leur prodigua, ainsi qu'aux infirmes, des paroles d'encouragement et d'édification et parut satisfait du bon ordre qui regne dans cet intéressant établissement.

Après cette visite, Monseigneur rentra dans ses appartemens pour faire plus tard sa promenade isolée qu'il dirigea au beau jardin de M. le Notaire HEISSER, qui entendant nommer par le Prince ses nombreuses plantes exotiques, fut charmé de trouver dans Son Altesse un si juste appréciateur de sa création. Sur le point de prendre congé de l'aimable propriétaire, une musique vocale sortit comme par enchantement d'un bosquet et retint le Prélat. L'on exécutoit le *Te Deum* autrichien, que le Prince avoit si souvent entendu pendant son séjour à Vienne, et d'autres cantiques allemands.

Les cantatrices sortirent enfin et demandèrent la

bénédiction que le Prélat leur accorda, en les remerciant gracieusement de l'aimable surprise qu'elles venoient de lui donner.

De retour au presbytère Son Altesse se mit à table. Le peuple assiégeoit, comme à l'ordinaire, les croisées du rez-de-chaussée, qui lui permettoient de contempler son cher et bon Évêque. Le repas fut égayé par une musique vocale que MM. les Vicaires avoient disposée dans une chambre voisine et à l'exécution de laquelle le Prince a daigné plusieurs fois applaudir. Cette petite fête fut néanmoins troublée par les ordres de départ que le Prince donna avant son coucher.

Le lendemain 17, la foule accourrut avec plus d'empressement à son poste pour saluer pour la dernière fois de ses acclamations et de ses souhaits l'illustre Prélat, qui eut la bonté de calmer les regrets des Colmariens en leur renouvellant la promesse de venir chaque année faire un séjour dans leurs murs.

Après avoir entendu la messe et pris un modique déjeuné, le Prince admit dans sa voiture Monsieur le Maire et Monsieur le Curé. L'équipage du Prince fut suivi de plusieurs autres voitures dans lesquelles se trouvèrent M. le Chanoine BOLL, M^{rs}. CHAUFFOUR, aîné, KŒNIG, BÆUMLIN et HEISSER, membres du conseil de fabrique, et MM. les Vicaires de la paroisse, qui voulurent donner la conduite au Prince jusqu'à Ostheim. La foule accompagnant sa voiture à pieds jusqu'à une demi-lieue de la ville, exprimoit de toutes manières ses vœux, son amour, ses regrets. A une et deux lieues l'on rencontroit encore des groupes qui l'avoient devancé et qui demandoient sa bénédiction. Les paysans au

loin dans leurs champs, en voyant le cortège, decou-
vroient respectueusement leurs fronts.

A Ostheim les habitans de Guemar relevèrent l'escorte de Colmar. Le Prince descendit de voiture, fit
les remercimens les plus affectueux aux personnes qui
l'avoient suivi et les laissa pénétrées de regrets et
d'admiration.

Les chevaux de Colmar conduisirent le Prélat jusqu'à
Schlestadt; un laboureur octogenaire de Colmar, à
cheval à côté de sa voiture, ne voulut le quitter que
dans cette ville. Comblé de ses bontés et de ses attentions, il revint rendre à ses concitoyens les derniers
adieux du Prince.

Ainsi se termina pour Colmar, une époque pleine de
consolations, de bonheur et d'espérance, capable d'éffacer
le souvenir de beaucoup de maux et de privations.

Bonté, modestie, dignité, zèle, piété, instruction,
charité sans bornes, sont les heureuses qualités dont le
ciel a enrichi celui que dans sa miséricorde il destinoit
au gouvernement de ce grand et important diocèse,
formé des débris de ceux de Bâle et de Strasbourg et
digne de succéder aux saints Évêques, qui ont illustré
ces deux siéges.

Aussi le ciel bénit - il déjà ses travaux. Ce n'est
pas nos enfans seulement, mais nous mêmes qu'il con-
firme dans la foi de nos pères en nous la rendant aimable, facile et auguste. Qui mieux que lui pouvoit
dans sa première pastorale saluer ses diocésains du titre
de *peuple réligieux?* il ne faisoit que présager les succès
de son apostolat.

Heureux le diocèse, qui trouve en permanence dans son premier pasteur et dans les collaborateurs, dont il s'entoure, l'exemple, les prédications et les fruits, que d'autres contrées reçoivent des saints missionnaires, qui les parcourent.

L'Alsace pleine de reconnaissance en rend hommage à la bonté divine et au Roi très - chrétien.

Lettre d'envoi en date du 3 Août.

Monseigneur,

Ce n'est pas pour en fixer le souvenir à Colmar, que nous publions la relation du séjour de Votre Altesse dans cette ville; il n'y a pas à craindre que la mémoire s'en perde. Ce n'est pas non plus, Monseigneur, pour vous adresser des louanges, ce motif ne seroit pas approuvé par vous: mais c'est pour l'honneur de l'épiscopat, pour la gloire de l'église, pour le bien de la réligion, pour apprendre aux contrées de votre diocèse, que vous n'avez pu visiter encore, le bonheur qui les attend, l'heureux choix de Sa Majesté et les admirables fruits que promet votre apostolat. Ce n'est pas non plus pour se glorifier que St.-Paul louoit la réception que lui avoient fait les Thessaloniciens dans la capitale de la Macedoine, à lui, à Silvain et à Timothée, et dont le bruit s'étoit repandu dans tous les pays voisins. *Qualem introitum habuerimus ad vos.* Le St.- apôtre célébroit le triomphe de l'église de Jesus - Christ.

24

C'est dans cet esprit, Monseigneur, que marchant sur la trace de si surs modèles, vous ne désapprouverez pas cette publication.

Que votre Altesse daigne avec sa bonté ordinaire en recevoir l'hommage comme un tribut de notre vénération et de notre reconnaissance.

Nous sommes avec un profond respect,

MONSEIGNEUR,

DE VOTRE ALTESSE,

Les très-humbles et très-obéissans serviteurs :

Les Membres du Conseil de fabrique de l'Église paroissiale de Colmar : CHAUFFOUR, Président, KÖNIG, WILHELM, BÆUMLIN, CHAUFFOUR, DE LA SABLIERE, HEISSER, RICHERT, BACCARA.

— De l'Imprimerie de J. M. HOFFMANN , à COLMAR.

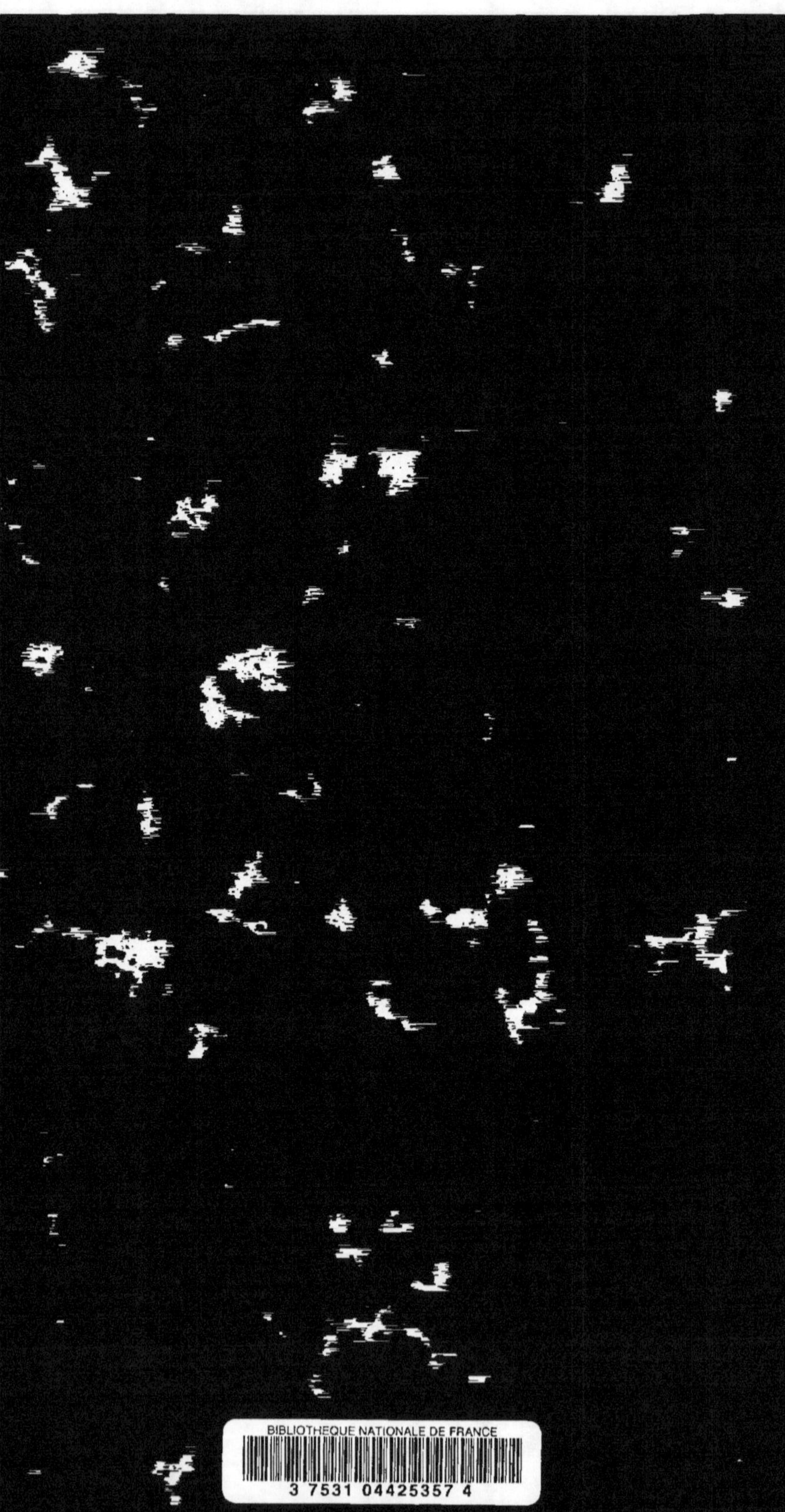
BIBLIOTHEQUE NATIONALE DE FRANCE

3 7531 04425357 4

www.ingramcontent.com/pod-product-compliance
Lightning Source LLC
Chambersburg PA
CBHW051401050726
47595CB00006B/2662